LES EXPLOITS

DU CHEVALIER

Raoul-Nichon du Roublard

EN ALGÉRIE ET AILLEURS

OU

L'ART DE S'ENRICHIR

EN FRISANT LA CORRECTIONNELLE

ORAN

IMPRIMERIE DE L'ASSOCIATION OUVRIÈRE

D. HEINTZ & Cⁱᵉ

16, Boulevard Malakoff, 16

1885

LES EXPLOITS

DU CHEVALIER

Raoul-Nichon du Roublard

EN ALGÉRIE ET AILLEURS

OU

L'ART DE S'ENRICHIR

EN FRISANT LA CORRECTIONNELLE

ORAN

IMPRIMERIE DE L'ASSOCIATION OUVRIÈRE

D. HEINTZ & Cie

16, Boulevard Malakoff, 16

1885

LES EXPLOITS

DU CHEVALIER

RAOUL-NICHON DU ROUBLARD

en Algérie et Ailleurs

OU

L'ART DE S'ENRICHIR EN FRISANT LA CORRECTIONNELLE

CHAPITRE I

**Du Roublard à Paris. — Marché de la Commission des viandes. —
Sa faillite.**

Quelque intéressant que soit notre personnage, je ne vois pas la nécessité de faire connaître au lecteur l'origine de sa naissance pas plus que les lieux qui l'ont vu naître.

Nous le trouvons à Paris où nous allons le suivre pas à pas ; du reste, lui-même, avec le cynisme qui le caractérise, a bien voulu se vanter des hauts faits qui suivent :

1º Il aurait fait partie du fameux marché de viandes salées et de pommes de terre pendant le siège de Paris (1870-71), en compagnie de MM. X... et consorts.

2º Il aurait failli être fusillé quelques jours après la Commune ; mais par un acte de clémence d'un général portant le même nom que lui et près duquel il se fit passer pour parent (je ne sais à quel titre), il put échapper à une juste punition.

3° Il s'est en outre vanté d'avoir fait retirer de la Préfecture de police à Paris, par un sien ami, qui s'y trouvait employé après les affaires de la Commune, un dossier dans lequel se trouvaient des pièces qui auraient pu l'envoyer en Nouvelle-Calédonie ou dans tous autres lieux de ce genre.

Ces faits, racontés par lui, n'ont pas une grande importance en passant par une pareille bouche, mais je crois qu'il est bon d'en prendre note pour la clarté de notre histoire, car déjà ils donnent une idée du personnage.

Nous devons reconnaître aussi, de prime abord, que du Roublard est doué d'une intelligence et d'une activité peu communes.

Or, il se demanda si avec ces qualités doublées de... sa roublardise, il ne pouvait pas se moquer de ses concitoyens tout en s'enrichissant.

De la conception à la mise en pratique, pour lui, il n'y avait qu'un pas.

Grâce à ses nombreuses relations commerciales, il se fit marchand de bois, et quelque temps après fut déclaré en faillite............

O bienheureuse faillite !

Lorsque le Syndic, M. Chevalier, vint pour faire l'inventaire, tout avait disparu — il restait les quatre murs, — ce qui explique pourquoi la dite faillite fut déclarée close faute d'actif (1875).

Le négociant le plus honorable peut faire faillite comme n'importe quel coquin. — Il est fâcheux que notre législation ne fasse aucune différence entre les deux, car du Roublard..........

Mais passons, laissons la parole à la *Voix du Peuple*, n° 28 :

« Je veux parler de ces audacieux coquins qui, au risque
» d'éprouver une déception complète dans leurs entrepri-
» ses, vont de l'avant et toujours de l'avant pour arriver
» au but qu'ils se proposent. De ces faiseurs qui par leur
» aplomb, leurs histoires à sensation, savent si bien
» monter le coup à ces vieux Algériens qui les accueillent
» avec trop de confiance.

» Supposez un instant un individu qui, il y a 7 à 8 ans,
» avait une créance de 25 à 30,000 francs, et qu'au moyen
» d'un acte borgne, il ait transporté cette créance sur un
» sien ami ; puis qu'au bout de 5 à 6 mois, il se soit laissé
» mettre en faillite, alors qu'il ne restait chez lui que quel-

» ques meubles et quelques hardes, de sorte que le Syndic
» prononça la clôture 5 ou 6 jours après, etc... »

J'ai toujours supposé que cet article avait été fait à l'intention de du Roublard, car 3 mois après sa faillite il vint en Algérie avec une créance de 30,000 francs qu'il avait eu le soin de faire disparaître de son actif. Par des manipulations qu'il serait trop long de développer ici, il rentra dans cette créance frauduleuse au moyen d'un tour de passe-passe extraordinaire.

CHAPITRE II

Roublard s'entretient la main. — Il se fait relever de sa faillite.

Après ce tour de passe-passe, un vulgaire coquin se fût contenté de cet honnête denier ; mais Roublard n'est pas vulgaire — et il osa revenir à Paris. — Ses créanciers ne tardèrent pas à connaître l'histoire des 30,000 francs, et aussitôt ce pauvre Roublard fut assailli si rigoureusement qu'il fallût bien transiger tout en trouvant le moyen de leur faire subir une perte variant entre 25, 50 et 75 0/0.

Après ce déboire, le séjour de la capitale devint odieux à notre héros.

Revenons en Algérie, se dit-il ; là, il y a un *vaste champ* à exploiter.

Nous avons déjà dit que Roublard était très actif ; aussi, pas plus tôt son retour en Algérie, les juges de paix eurent fort à faire par le seul fait de sa présence.

Le récit de ses exploits à ce sujet serait trop long ; je n'en citerai donc qu'un seul, qui, du reste, eut un certain retentissement.

Appelé près du juge de paix par un de ses créanciers, il rencontra, chemin faisant, un honorable négociant, M. F. X., auquel il déclara, dans un beau moment d'expansion, que l'imbécile qui l'appelait devant le Tribunal était bien dans son droit, mais que lui, Roublard, se chargeait de faire voir 36 chandelles au Juge ainsi qu'à son créancier. — Du reste, ajouta-t-il, le peu d'argent que je possède m'est absolument nécessaire.

L'affaire est appelée.

Le créancier, un honnête homme, expose ses motifs.

Roublard, prenant un ton larmoyant, affirme avec une audace incroyable qu'au lieu d'être débiteur, il est créancier du plaignant. — Ses arguments présentés avec une verve endiablée, rendent le juge de paix perplexe.

Mais, tout à coup, une voix s'élève ; celle du négociant M. F... qui, indigné du cynisme et de la malhonnêteté de du Roublard, raconta la conversation que nous avons déjà mise sous les yeux de nos lecteurs.

Séance tenante, notre héros fut condamné.

Mais Roublard n'aurait pas été lui-même s'il avait eu la moindre défaillance devant ce jugement.

Allons donc ! Il est Roublard ou il ne l'est pas !

Connaissant mieux qu'un docteur en droit toutes les lenteurs et formalités d'une procédure, notre intéressant héros fit appel et gagna sa vilaine cause, son adversaire étant trop pauvre pour pousser la chose plus loin.

Or, du Roublard, ayant illustré de sa présence plusieurs audiences de la Justice de Paix, alors que la Cour d'Assises seule était digne d'apprécier ses hauts faits, eut, devant sa réussite inqualifiable, le noble projet de se faire réhabiliter de sa faillite.

Généralement, pour arriver à ce but, il faut remplir certaines conditions, dont la principale est de désintéresser ses créanciers.

Cette condition ne pouvait pas convenir à Roublard, et ici, nous sommes obligés de reconnaître qu'il fit preuve de génie, car il trouva un moyen qu'un honnête homme n'eût jamais su trouver.

Il fit tout simplement appel devant la Cour de Paris (30 mai 1879), déclarant nettement qu'il n'avait jamais été commerçant.

De l'audace, toujours de l'audace ! — Comme Danton connaissait bien les hommes ! — Et du Roublard donc !.... qui, au lieu de se voir laver la tête comme il le méritait, fut réhabilité comme tout homme qui ayant fait fortune aux dépens des autres, ne peut manquer de l'être.

Si, cependant, les honorables magistrats chargés de cette sale besogne avaient consulté les registres des huissiers et de l'Enregistrement du quartier Richard-Lenoir et du boulevard Voltaire (de 1874 à 1876), ils auraient pu reconnaître, par de nombreux billets protestés, que du Roublard avait bien été commerçant — et commerçant n'ayant jamais fait honneur à cette classe estimée.

En consultant aussi les registres de l'huissier de Saint-

Cloud (Algérie) et de l'Enregistrement de cette même
localité, les dits magistrats, nous en sommes convaincus,
au lieu de réhabiliter notre héros, auraient confirmé le
jugement du Tribunal de Commerce de la Seine, du
25 juin 1875.

CHAPITRE III

**Le coup de la veuve. — Roublard ayant outragé la Justice, lui
demande pardon.**

L'activité de du Roublard, stimulée par ses succès, lui
suggéra un de ces coups de maître que Cartouche n'eût
pas renié.

Voici, du reste, le récit fait par la veuve, Madame A....,
victime de notre intéressant héros :

« J'étais propriétaire de l'hôtel de la Régence, à Arzew,
» dont le revenu annuel de 3,000 francs environ, me per-
» mettait de faire honneur à mes affaires et d'élever con-
» venablement mes enfants, lorsque j'eus le malheur de
» faire la connaissance de du Roublard.

» Il m'insinua par des façons mielleuses que mon intérêt
» et surtout celui de mes enfants, était de lui louer mon
» hôtel pour une période de 18 années, avec un bail de
» 1,500 francs seulement, mais que, pour me dédommager
» et me permettre d'entreprendre un autre commerce, il
» me donnerait une somme de 10,000 francs aussitôt le
» marché conclu.

» Me fiant sur la parole de cet homme, je signai le bail
» qu'il avait préparé d'avance, chef-d'œuvre d'astuce et
» d'habileté.

» Mais le conseil de famille, que j'avais eu le tort de ne
» pas consulter, avant de m'engager, refusa d'accepter
» une pareille combinaison.

» L'affaire, soumise devant le Tribunal d'Oran, fut cassée
» et qualifiée publiquement *d'acte frauduleux.* »

Tout autre que Roublard eût été anéanti devant ce jugement, mais n'anticipons pas, rendons la parole à Mme A....

« Ce Monsieur (Roublard) fit aussitôt appel, et par sa
» pratique de ces sortes d'affaires, il sut faire traîner les
» choses en longueur, ce qui lui permit de vendre l'hôtel.
    » Cependant, oh ! phénomène extraordinaire, le bail que
» le Tribunal d'Oran avait cassé comme *frauduleux*, fut
» déclaré valable par la Cour d'Alger.
    » Armé de ce jugement, du Roublard trouva moyen de
» faire comprendre à M. H..., le nouvel acquéreur, qu'une
» somme de 15,000 francs devait être versée immédiate-
» ment.
    » Celui-ci, croyant que cette somme m'était destinée,
» s'exécuta de bonne grâce.
    » Ayant réclamé depuis, à Roublard, l'exécution de sa
» promesse, c'est-à-dire l'argent qui m'était dû, il me
» répondit carrément qu'il ne me devait rien. »

Un pareil récit se passe de commentaires, mais constatons, comme hors-d'œuvre, que Roublard cueillit ainsi un pot de vin de 15,000 francs, aux dépens d'une malheureuse femme.

Notre héros n'eût pas été digne de son nom, si par son astuce il n'en eût imposé jusqu'ici à certains juges ; malheureusement pour lui, il tomba un jour sur un homme de cœur, qui, appelé à le juger, le rappela rudement aux convenances sur lesquelles il avait l'habitude de piétiner.

Roublard, ne doutant plus de rien, devint plus qu'inconvenant, il fut insolent envers ce magistrat, ce qui motiva son exclusion de la salle d'audience et un rapport adressé à M. le Procureur de la République.

Roublard, effrayé des conséquences qui pouvaient en résulter, se demanda quelle attitude il devait prendre pour désarmer la juste colère du représentant de la justice.

Il se mit à plat ventre, position assez commode et habituelle aux reptiles.

Voici, du reste, la copie de la lettre qu'il adressa à cet honorable magistrat :

« Arzew, le 19 mars 1881.

» Monsieur le Juge de Paix,

» Je viens vous témoigner tous mes regrets, pour l'ex-
» pression malheureuse qui m'a échappée lors de l'exclu-
» sion de la salle de la Justice de Paix, que vous aviez cru
» devoir porter contre moi.

» Veuillez être persuadé, Monsieur le Juge de Paix, que
» j'ai une trop haute idée de la magistrature française et
» que je suis trop respectueux de ses représentants, pour
» avoir jamais eu l'intention de mettre en doute leurs
» sentiments d'équité et encore moins les vôtres.
» Je vous prie donc de vouloir bien retirer à mon
» expression, ce qu'elle aurait pu avoir de blessant pour
» vous, et agréer la sincérité de mes excuses.
» Recevez, etc.

» Signé : RAOUL DU ROUBLARD. »

L'honorable juge de paix pardonna.

Je n'ai pas qualité pour apprécier l'acte de clémence d'un homme qui jouit de l'estime générale, mais pourtant, je ne puis m'empêcher de penser à la fable de La Fontaine : *Le Bucheron et le Serpent,* qui devient ici une figure vivante, car le misérable mordit presque aussitôt la main de celui qui l'avait pardonné, en distillant son venin dans un article du *Mont-Atlas*.

CHAPITRE IV

Roublard se porte candidat au Conseil général

Cette histoire est toute récente. Roublard y a remporté une veste méritée qui lui coûta 3,000 francs ; nous n'en parlerons pas davantage.

. . . .

CHAPITRE V

Le bouquet des exploits du Roublard. — Il fait fabriquer des actes frauduleux pour dépouiller le Domaine de l'Etat

Du Roublard digéra difficilement cet échec ; mais sa féconde imagination trouva bientôt un moyen ingénieux pour remplir son porte-monnaie qui venait de subir une saignée douloureuse.

Ce qui suit, est un pur chef-d'œuvre de notre héros.
Voici les faits :

Il existe à Arzew un lot à bâtir portant le nᵒ 166 du plan
cadastral et un lot de jardin le nᵒ 144 du même plan. Ces
lots avaient été donnés en concession à un sieur Rivaud,
médecin major de l'armée.

Cet officier mourut au Mexique, et par suite de circons-
tances inexplicables, on perdit les traces de sa veuve et de
sa fille.

En pareil cas, la législation en Algérie est très claire.

En vertu de l'ordonnance du 26 décembre 1842 et
17 janvier 1843, si la succession n'a pas été réclamée dans
le cours de trois années à compter du jour du décès, elle
sera de plein droit à l'expiration de ce délai, présumée en
déshérence, et provisoirement acquise au Domaine de
l'Etat, qui en demandera l'envoi en possession au Tribunal
de 1ʳᵉ instance, dans le ressort duquel la curatelle aura été
suivie.

Cependant, le Domaine ne bougea point, et le curateur
aux successions vacantes se trouve encore aujourd'hui
chargé d'une curatelle qui aurait déjà dû cesser depuis
longtemps.

Par suite de sa position exceptionnelle sur les bords de
la mer, le lot à bâtir a acquis une grande valeur, que l'on
peut estimer sans exagération à une vingtaine de mille
francs.

Aussi, tenta-t-il la cupidité du Roublard ; mais comment
se l'approprier ?

Il avait bien un moyen, celui d'attendre que le Domaine
reconnaissant enfin ses droits le mette en vente, et s'en
rendre adjudicataire.

Mais ce moyen ne pouvait convenir à notre homme, car
il lui présentait un gros inconvénient : celui d'acheter
honnêtement et courir aussi le risque de payer le prix
véritable.

On est roublard ou on ne l'est pas !

Voilà le dilemme que se posa notre héros.

Son plan fut vite arrêté.

Il avait à son service un brave et honnête garçon, le
nommé Julien, chargé de représenter Mᵐᵉ Veuve Rivaud,
pour certaines affaires. Un jour il lui tint ce langage :

« Julien, il faudrait vendre les deux lots de terrain
» appartenant à Mᵐᵉ Veuve Rivaud à votre gendre, qui me
» les vendrait à son tour. »

Ce brave homme le regarda ébahi.

Mais Monsieur, répondit-il, je ne représente pas cette dame avec des pouvoirs suffisants pour pouvoir vendre ces lots.

Désappointé par cette réponse, du Roublard haussa les épaules de dédain. Décidément, cet homme ne voulait pas le comprendre ; son intelligence était trop étroite en cette matière.

Cependant, il revint plusieurs fois à la charge, et à différentes reprises, dit à ce sieur Julien :

« Votre signature est facile à contrefaire. »

Un jour, il annonça à la même personne qu'il partait pour Paris, et que là, il trouverait bien le moyen de devenir propriétaire des lots qu'il convoitait.

Roublard avait enfin compris que pour arriver à ses fins, il fallait qu'il se rende à Paris, ville de la lumière. Là, avec quelques louis jetés à un affamé, il pourrait acheter le lot Rivaud.

Ses recherches ne furent pas longues.

Il se rappela les habitués d'un certain monde où il avait vécu et qui lui était familier.

Il jeta les yeux sur un pauvre hère du nom de Rougnon, demeurant à Paris, rue de Dunkerque, et à l'aide d'une histoire qu'il lui raconta, lui persuada que les actes que nous allons rappeler dans un instant n'auraient aucune portée et qu'il pourrait les signer sans crainte.

Voici ce qui se passa alors et qui peut donner une juste idée de l'intelligence malsaine de notre héros.

Il s'agissait pour le Chevalier du Roublard de paraître *acheteur de bonne foi* des fameux lots de terrain.

Il lui fallait *également justes titres* pour prescrire dans un délai relativement assez court.

Régulièrement, il lui aurait fallu un acte de vente consenti par les héritiers Rivaud.

Malheureusement, les héritiers avaient disparu, et après maintes recherches, il lui fut avéré qu'une demoiselle Rivaud, issue du mariage de M. Rivaud, le concessionnaire, et seule héritière de ce dernier, venait de mourir.

Bonne affaire, se dit le Roublard, en se frottant les mains, *les morts seuls ne reviennent pas,* et par suite, ce que je ferai avancer par un copain, ne sera pas contredit.

Ce qu'il faut reconnaître à notre héros, c'est une grande activité et une conception heureuse dès qu'il s'agit de commettre une mauvaise action ; aussitôt conçue, aussitôt exécutée.

Il va trouver son ami Rougnon, et lui tint à peu près ce langage : Si tu me consentais toi-même la vente des lots d'Arzew, on pourrait contester cette vente, car un titre venant de toi n'aurait aucune valeur puisqu'il n'émanerait pas du véritable propriétaire. Ce qu'il me faut, ce sont des titres ayant au moins l'apparence de l'authenticité. Il faut, pour cela, trouver un personnage complaisant qui, se disant mandataire de Mlle Rivaud, te passera ès-qualité, un acte de vente régulier ; il faudra, bien entendu, pour que cet acte paraisse notable, qu'il remonte à 1879, époque à laquelle Mlle Rivaud vivait encore, afin que la procuration ne soit point révoquée par son décès.

Le personnage complaisant fut vite trouvé ; ce fut un nommé Francoz qui, se donnant pour mandataire de Mlle Rivaud, et se portant fort pour cette dernière, consentit à Rougnon la vente des deux lots de terrain, moyennant un prix de 700 francs. Cet acte fut antidaté au mois de mai 1879 afin d'avoir plus de créance et que l'on ne pût penser qu'il était rédigé pour les besoins de la cause.

Ce fut alors Rougnon qui, propriétaire des lots d'Arzew, en vertu de la vente sus-énoncée, en fit la revente à du Roublard au mois d'août 1880, moyennant une somme de mille francs.

Passez muscade, le tour est joué. Enfoncé le Domaine.

Inutile d'ajouter que ces deux actes, quoique faits à une année d'intervalle, furent enregistrés et transcrits à Oran à la même date par les soins du Chevalier.

Informations prises, le sieur Rougnon n'a joué qu'un rôle secondaire dans cette affaire ; aussi, écrivait-il à la date du 29 décembre 1883 : « Qu'il n'avait jamais connu la » propriété par lui vendue à notre héros et qu'il croyait » que la vente par lui consentie ne constituait qu'un acte » de pure complaisance ne pouvant nuire à qui que ce soit. »

Quant au sieur Francoz, malgré les recherches les plus minutieuses de la Police de Sûreté de Paris, il n'a pu être retrouvé ; et les mauvaises langues (oh ! fi) vont jusqu'à dire ce que nous ne croyons pas, que ce personnage et ce nom n'ont jamais existé que dans les combinaisons de notre Chevalier.

Le voilà donc propriétaire.

Son premier soin est de faire construire une maison, espérant que les Domaines ne sauraient pousser l'inhumanité jusqu'à le faire déguerpir, alors qu'il aurait fait sur l'immeuble une aussi importante amélioration.

Mais il s'effrayait en vain, car les Domaines, si jaloux de

leurs droits quand il s'agit de revendiquer à l'encontre de quelque pauvre diable, se gardèrent bien d'inquiéter un personnage comme Raoul du Roublard, qui, au dire de plusieurs personnes, avait l'oreille des gros bonnets. Et au grand scandale de toute une population, il continue à jouir en paix, d'une usurpation aussi audacieuse.

La justice et l'équité auraient-elles deux poids et deux mesures dans notre belle Algérie, et se serviraient-elles d'un glaive plus ou moins émoussé, selon qu'il s'agirait de frapper un malheureux ou de ménager certaines personnalités ?

En l'état actuel, il est du devoir de l'Administration des Domaines — aujourd'hui, où par un écrit public on lui ouvre les yeux — de se poser le dilemme suivant :

Ou les faits qui viennent d'être avancés sont faux, ou ils sont vrais. — S'ils sont vrais, qu'elle agisse contre l'usurpateur. — Si on les croit faux, que je partage le sort des diffamateurs et que je sois cité devant un Jury, auquel je prouverai, titres et lettres en main, que je n'ai fait qu'avancer la stricte vérité.

Quant à Roublard, il ne se fait pas d'illusions ; il a si bien compris qu'il était dans une fausse position et que tout était découvert, qu'il a adressé dernièrement à M. le Gouverneur de l'Algérie une supplique dans laquelle il faisait connaître à cet honorable fonctionnaire que sa religion d'acheteur avait été trompée par les vendeurs, et qu'il serait équitable, après les améliorations faites sur le terrain, que les Domaines voulussent bien lui consentir une vente de gré à gré.

Le Gouverneur en référa à M. le Préfet d'Oran, et ce fonctionnaire pria le Conseil municipal d'Arzew de vouloir bien lui donner son avis.

Faisons connaître l'avis du Conseil à ce sujet.

La lettre adressée à M. le Préfet par le Conseil municipal d'Arzew (hors séance) a été reproduite *in extenso* par le *Petit Fanal ;* elle est ainsi conçue :

» Arzew, le 22 octobre 1883.

» Les soussignés, membres du Conseil municipal
» d'Arzew, réunis hors séance, informés que M. X. ..,
» dans le but de soustraire à l'appréciation du Tribunal, le
» bien fondé de son acquisition, le lot urbain n° 166, et à
» la justice de savoir s'il avait fait cette acquisition de
» bonne foi, avait adressé à Monsieur le Gouverneur général

» de l'Algérie, une demande à l'effet d'obtenir l'acquisition,
» de gré à gré, du lot nº 166 du plan de lotissement de la
» ville d'Arzew, lot qui se trouve situé à l'angle de la rue
» de Berlin et rue de la Marne. Les soussignés prient
» Monsieur le Préfet, qu'avant de donner son avis à
» Monsieur le Gouverneur général, il veuille bien faire
» une enquête, dans laquelle seront entendus Monsieur le
» Maire d'Arzew et Monsieur le Conseiller général de la
» circonscription, et ils ne doutent point un seul instant
» qu'il résulterait, de cette enquête, que l'acquisition du lot
» urbain nº 166, a été faite de mauvaise foi par le sieur X...
» et que dès lors, tant pour sauvegarder les intérêts de
» l'État que ceux dus à la morale publique, Monsieur le
» Gouverneur général ne s'en rapportera pas aux dires de
» l'administration du Domaine, dires qui pourraient être
» favorables à M. X. ., et qu'il veuille bien décider que si
» vente il y a, l'administration procèdera à la vente aux
» enchères publiques à Arzew, du lot urbain, nº 166, du
» plan de lotissement de la ville d'Arzew, aujourd'hui nº
» 193 du nouveau plan. Espérant que vous daignerez ac-
» cueillir favorablement leur demande, ils ont l'honneur
» d'être, Monsieur le Préfet, etc.

> » Signé : VALOIS, REMY, MIANE, FIRMI,
> TINÉ, WEBER, LEBORNE, GAUBERT,
> BEL-AOUNI, Conseillers munici-
> paux.. »

Si M. le Préfet du département d'Oran et M. le Gouverneur général veulent bien tenir compte de l'avis exprimé par le Conseil municipal d'Arzew, il n'est pas douteux que le lot usurpé par du Roublard deviendra ce qu'il aurait dû être depuis longtemps : la propriété des Domaines.

Cette Administration fera procéder à la vente aux enchères, et si tout autre que le Chevalier du Roublard en devient adjudicataire — en vertu des articles 552 et 555 du code civil — il pourra, vu la mauvaise foi qui a présidé à l'édification de la maison, ou en demander la suppression et l'enlèvement aux frais de du Roublard, ou la lui acheter amiablement ; ce que préférera certainement ce dernier.

Voilà ce qui ne peut manquer d'arriver si tout se fait légalement et suivant le droit et l'équité, et pour la première fois de sa vie, notre triste héros pourra s'appliquer le vieux dicton populaire :

Bien mal acquis ne profite jamais.

CHAPITRE VI

Roublard se fait un ami. — Il spolie le Directeur des Magasins généraux ou Docks d'Algérie

Notre héros qui est souvent en voyage (ce qui entre nous ne lui coûte pas cher, puisque certaines Compagnies de chemins de fer et de bateaux ont l'habitude de donner aux directeurs de différents journaux, des billets de parcours gratuits), Roublard, aidé d'un ancien et V. Ridik ami (?), qui passait son temps à ne rien faire à Paris, fonda un journal destiné à produire de très grands bénéfices, en raison du chantage que l'on pourrait faire avec cette feuille de choux.

Malheureusement, elle n'eut pas d'abonnés, et son jeune rédacteur, après avoir distillé son esprit à faire de beaux articles dont le fond n'avait pour mobile que de satisfaire les rancunes personnelles de notre Chevalier, son ami, ou de faire jeter à ce dernier quelques louis (à titre chantage) par les sociétés plus ou moins sérieuses qui se forment dans la Capitale pour exploiter le gogo, en fut pour ses efforts d'éloquence.

Ce fut donc pendant un de ces voyages qui ne lui coûtaient rien qu'il fit connaissance d'un M. Au..., lequel avait obtenu de l'État le droit de créer et d'exploiter des Docks en Algérie.

Le Chevalier, voyant sous cette affaire un vaste champ d'exploitation, se fit bientôt l'ami de M. Au..., qui se laissa persuader trop facilement et qui accepta une association avec notre Chevalier.

Il a tellement le don de persuasion, notre Roublard, que, quiconque ne le connaît s'y laisse tromper, et le prend pour un honnête homme.

C'est par ces dehors de bonhomie qu'il réussit encore cette fois à faire une dupe.

Voici comment il s'y prit : Après qu'il eut fait l'association entre lui et M. Au..., — il commença par faire paraître dans sa feuille de choux parisienne, toujours par l'entremise de la plume de l'ami V. Ridik, des articles à grande sensation où il portait aux nues son associé, ainsi que l'affaire des Docks.

M. Au.... fut enchanté, car il croyait avoir enfin trouvé

l'homme qui pouvait l'aider à mener à bien l'œuvre qu'il avait si longuement mûrie ! L'humanité est ainsi faite et il est bien peu d'hommes qui ne soient atteints de daltonisme. Si M. Au... n'avait pas eu cette maladie, qui nous fait voir rouge ce qui est bleu, il se serait aperçu que dans le même journal, où on le portait aux nues, il y avait d'autres articles où le dit journal était carrément taxé de chantage, et ses bureaux appelés : *Un Bouge où on n'entre que masqué* (sic). Lire *la Finance algérienne* du 21 avril 1883 et *la Bourse ou la Vie* du 29 novembre 1882.

Mal lui en prit à M. Au..., car dès que notre Roublard s'aperçut que l'affaire était en bonne voie, il fit immédiatement tout ce que sa rouerie lui suscita pour entraver M. Au... dans ses affaires personnelles...... Il se présenta à diverses personnes qui avaient de petites créances sur M. Au..., les leur acheta et fit à ses frais assigner M. Au... plusieurs fois, le traqua tellement qu'il réussit, quelque temps après, à le faire déclarer en faillite ; c'est ce que cherchait Roublard pour pouvoir ensuite conserver à lui seul les concessions qui avaient été accordées à M. Au...

Aussi écrivait-il, quelque temps après, à un sien ami, M. F..., qui était son représentant pendant son absence et qui déboursait lui aussi passablement d'argent pour payer les travaux que l'on exécutait chez le Roublard (nous aurons du reste à parler de M. F... dans un des chapitres suivants). Aussi, dis-je, écrivait-il à cet ami, le 22 octobre 1882 : « Depuis deux jours l'affaire des Docks est debout ; » vous aurez dans l'installation future un emploi que je vous choisirai de ma main, etc... »

On verra de quelle façon du Roublard choisit cet emploi. Ce qu'il fit plus tard à M. F... laisse bien en arrière la spoliation qu'il a cherché à faire à M. Au... Le système du Chevalier est du reste de promettre beaucoup pour attraper davantage.

De l'astuce, se dit-il, et les dupes avec un maigre appât arriveront à se laisser prendre facilement !!!

Mais la Providence ne permit pas pour cette fois que Roublard puisse jouir de sa mauvaise action, et elle suscita à M. Au..., après sa faillite, le moyen d'arranger les choses de façon que la concession des Docks ne tombât pas entre les mains du Chevalier, qui en fut tout désappointé.

Dès ce jour, une campagne était entreprise par lui contre M. Au..., qui fut obligé de partir, tant il est vrai que de la calomnie il reste toujours quelque chose !!! Roublard le sait si bien, que cette dernière est son arme principale.

Aussi disait-il un jour : « Si je n'avais pas un journal à
« ma disposition, je ne pourrais me maintenir ici pen-
» dant 24 heures (sic). »

Ce qui démontre très bien que notre Chevalier n'a pas la
conscience nette........., mais, en revanche, qu'il est
rempli d'aplomb, et qu'avec l'audace qui le caractérise, il
arriverait à en imposer aux honnêtes gens, s'il n'était dé-
voilé, percé à jour, démasqué enfin.

C'est là une lourde tâche qu'un écrivain de profession
aurait pu certainement faire facilement ; mais ne l'étant pas,
je demanderai aux lecteurs toutes leurs indulgences pour
le chapitre suivant qui sera ardu à aborder ; mais leur
perspicacité découvrira, je l'espère, tout ce que je voudrais
leur dire, en conservant les règles de la plus stricte poli-
tesse dont je ne veux pas me départir.

CHAPITRE VII

Roublard devient Banquier !!!

Comme le proverbe le dit avec raison :

> Souris qui n'a qu'un trou est vite prise.

Aussi notre héros avait-il pris ses précautions, et,
pendant qu'il traitait l'affaire des Docks, avait-il jugé à
propos de créer un Comptoir d'escompte dont il devien-
drait président ; ce qui lui serait très facile, en faisant
souscrire des actions par des habitants d'une autre localité, ce qui lui faciliterait, dès lors, de faire à peu près ce
qu'il voudrait sans avoir tous les jours des comptes à
rendre aux actionnaires.

Il fit donc souscrire, par de très honorables négociants,
un nombre suffisant d'actions, pour avoir la majorité des
voix à l'assemblée des actionnaires. Ces négociants, après
avoir souscrit les dites actions (ne pouvant ou ne voulant
pas se déplacer pour une affaire qui était pour eux d'un
intérêt secondaire, étant donné que du Roublard, avec son
intelligence habituelle, leur avait présenté la création de
ce Comptoir comme devant être une chose utile à la
colonie et au petit commerce de la localité), ces négo-

ciants, disons-nous, donnèrent à ce dernier leurs pouvoirs pour les représenter à la formation du Conseil d'administration.

Mais Roublard ne leur dit pas qu'il était besogneux, que les dépenses exagérées qu'il était obligé de faire pour, comme l'on dit : « faire bonne figure », l'avaient mis dans la fâcheuse situation d'avoir besoin d'argent.

Je demande humblement pardon à mes lecteurs ; mais, pour ne pas trop enchevêtrer ce récit, je ferai ici une digression.

— Oui ! Roublard avait besoin d'argent ; car, malgré le pot-de-vin qu'il venait de toucher de M. E. H... pour l'affaire de la veuve dont il est parlé plus haut, il se vit dans la nécessité de demander à l'ami......... F..... *(à ce brave ami ! qui lui était si dévoué ...... ne le connaissant pas encore à fond !!!......)* de bien vouloir lui prêter sa signature pour une somme de cinq mille francs ; car, disait-il à ce dernier : « *J'ai à Paris de grandes affaires et il me faut de l'argent !....... »*

J'ai appris, depuis, qu'avec l'argent provenant de ces billets de complaisance il avait fait taire quelques-uns des anciens créanciers de sa faillite qui menaçaient de le rappeler devant le tribunal de commerce de la Seine, comme ils l'avaient fait le 25 juin 1875.....

Mais revenons à notre récit...... Après avoir fait souscrire une grande partie des actions, notre Roublard tint ce langage à son ami F... : « Je vais vous faire nommer
» Administrateur de mon Comptoir ; de cette façon, nous
» serons tranquilles ; tâchons seulement de mettre la main
» sur quelqu'un qui soit de mon bord, et les choses iront
» de soi ».

M. F..., pour des motifs que nous ne voulons pas introduire ici, accepta et proposa au Chevalier un quatrième personnage dont la solvabilité n'était pas à contester, M. T... ; mais cet honorable négociant, trop clairvoyant dans la cuisine de Roublard, manifesta son mécontentement et devint bientôt un gêneur pour le Président du Conseil, qui ne tarda pas à trouver un moyen habile de lui faire donner sa démission. C'est, du reste, ce que voulait Roublard, afin de tripoter mieux à son aise, attendu que M. T..., en restant membre du Conseil, l'aurait empêché de commettre les malversations et les infractions aux statuts qu'il put commettre par la suite.

Je vais donner ici quelques notes sur les frais comptés par notre héros, au compte du dit Comptoir.

Il possédait un vieux coffre-fort en bois qui, au grand mot, valait 50 francs ; il le compta 400 francs. Plusieurs voyages, c'est-à-dire ceux qu'il fit pour la création du Comptoir, lui furent payés à raison de 150 francs chaque. Enfin, avant le fonctionnement de la société, il avait déjà produit une note d'environ 1,800 francs.

C'est cette dépense, ainsi que bien d'autres non vérifiées qui, jointe à la méchanceté du Chevalier, qui empêchait de faire des affaires, car pour lui tout le monde était de la canaille à qui il ne fallait pas prêter d'argent. Ce fut cela, dis-je, qui fut cause que la première année qui comprenait pourtant seize mois de fonctionnement, que les actionnaires ne touchèrent pas un sol de dividende.

Il est vrai que, comme je le disais au commencement de ce chapitre, les honorables souscripteurs n'y firent pas attention ; on leur compta des histoires et tout fut dit. Ces Messieurs n'allaient pas se déplacer pour si peu de chose, et puis, serait-ce perdu (c'est pour la colonie). On le leur avait dit : pour la colonie ! Mais, Messieurs, si vous voulez la soutenir cette pauvre colonie, ce n'est pas à coup sûr en laissant vos fonds entre les mains de notre Chevalier, car lui n'a qu'une maxime, celle-ci : « La colonie, c'est » moi. Du commerce, j'en suis, puisque j'achète des ter-- » res ! .... »

Oui, c'est bien lui ! et si un pauvre colon se présentait pour un emprunt quelconque, voici ce qu'il disait avec son accent criard de Parisien des barrières : « Que voulez-vous » f..... de l'argent à ce galvodeux là, c'est hypothéqué » jusqu'à la garde, plus souvent que je me serai donné du » mal de créer un Comptoir pour ces oiseaux-là. »

Voilà le bien qui a été fait à la colonie par notre Chevalier ; mais, avec l'argent des nombreux actionnaires, il sut faire aller ses petites affaires personnelles. Comme on le verra plus tard, il réussit à manipuler de très grosses sommes en se faisant ouvrir un compte courant qui fut à découvert à un moment de 40,000 francs.

Mais n'anticipons pas sur les faits de notre héros et commençons par dire ce qu'il fit au début du Comptoir.

Comme je l'ai dit plus haut, le Chevalier avait besoin d'argent ; aussi, commença-t-il à s'en faire délivrer par le Directeur du Comptoir contre de méchants bons qu'il faisait à ce dernier. Nous n'en citerons qu'un seul, qui est en notre possession ; il est de 1,200 francs et a été fait par la femme de du Roublard. Aussi, ces faits ayant été connus du public, on lisait à la date du 29 septembre 1883, dans le *Petit Fanal,* un article de récrimination de la part d'un actionnaire dans lequel ce dernier faisait très bien comprendre que les fonds du Comptoir se trouvaient en mauvaises mains.

Mais tous les articles possibles n'ont jamais épouvanté le Chevalier, cet homme ne craint rien ; aussi, trois mois après, en décembre 1883, comme son compte courant était très à découvert, pria-t-il l'ami F... de lui souscrire 10,000 francs de billets de complaisance. Cette fois, ce dernier s'exécuta d'assez mauvaise grâce et il fit dire au Chevalier de bien vouloir lui faire un reçu, ce qu'il fit. Mais, après avoir remis à l'ami F... le reçu des 10,000 fr., il tint à celui-ci le langage suivant : « N'emportez pas ce » reçu chez vous, laissez-le ici, à la caisse, entre les mains » du Directeur, car les femmes sont si bavardes que la » vôtre pourrait parler et l'on saurait nos affaires. »

L'ami F... déposa donc à la caisse du Directeur le reçu des 10,000 francs de billets. Mais, quelques jours après, ayant réfléchi que puisque la rumeur publique disait que Roublard n'était pas homme à hésiter lorsqu'il s'agissait de tromper quelqu'un, il devait prendre ses précautions.

F... revint donc trouver le Directeur et le pria de lui faire une déclaration constatant qu'il avait vu la création des billets de complaisance et que ces derniers étaient pour le compte de du Roublard, F... ne lui devant rien, etc., etc.

Muni de ce contre-reçu, F... put dormir tranquille quelque temps du moins.

Or, le compte courant du Chevalier allant toujours de découvert en découvert, il fallut encore une fois faire appel à la signature de F... pour 5,000 francs. F... ne la donna que très difficilement, car il s'apercevait que tout cela n'était pas très régulier et qu'il pourrait bien lui en cuire un jour d'avoir été trop confiant.

Ses prévisions ne le trompèrent pas, et il devint en effet victime de la mauvaise foi de cet audacieux faiseur.

Mes lecteurs voudront bien remarquer que, dans le cours de cette brochure, tous les faits relatés ont à leur appui les pièces démontrant leur véracité, et, si du Roublard avait parfois la fantaisie de nous contredire, nous lui prouverions, titres en mains, que nous n'avons écrit que l'exacte vérité.

Je reprends la suite des exploits de notre triste sire.

En juillet 1884, notre Chevalier devait à M. F... une somme assez ronde, 3,500 fr. environ : le tout en argent prêté ou en marchandises diverses, dont le détail dériderait certainement le lecteur ; car, lorsque du Roublard a un ami, il ne se gêne pas pour faire payer à ce dernier, sous forme d'emprunt, les choses les plus minutieuses, et, plus d'une fois, l'ami F... fut obligé de payer au garçon du Roublard le marché du matin !

Mais n'anticipons pas. F... était administrateur du Comptoir et, à cette époque, comme le compte courant de du Roublard était à découvert de 40,000 francs, ce qui, avec les 15,000 fr. de complaisance que lui avait signés F..., portait ce compte à 55,000 fr. !!! F... décida que du Roublard devrait payer son compte dans le plus bref délai et en avisa le Directeur B... Quelle ne fut pas sa stupéfaction, lorsque celui-ci lui déclara d'un ton très larmoyant que lui aussi avait... emprunté à la caisse une somme de 30,000 fr. environ...

A cette déclaration inattendue, F... ne douta plus qu'il y avait entente entre du Roublard et son directeur, et immédiatement il signifia à ce dernier de lui rendre le reçu des 15,000 francs de billets de complaisance qui avait été déposé dans sa caisse.

Notre homme répondit qu'il ne pouvait remettre ce reçu sans l'assentiment de du Roublard, et on le fit appeler. Dès que ce dernier arriva, il se fit remettre le reçu, puis le déchira, à la grande stupéfaction de F..., en lui disant :

« Oui, vous paierez cet argent ; de cette façon vous ne » gueulerez pas. »

Mais F... lui fit observer qu'il avait pris ses précautions et qu'il était en possession d'un contre-reçu ! Ce que voyant, Roublard se mit à injurier B..., qui avait fait ce contre-reçu.

Ceci ce passe de commentaires et mes lecteurs ne doivent pas s'étonner, car notre Chevalier, se voyant démasqué, ne savait plus comment sauver sa situation vis-à-vis de la Justice, que F... était allé informer de ce fait. Roublard, afin de prendre les devants, prit à la caisse des billets à ordre dont F... n'était qu'endosseur, les porta au Parquet avec une plainte en accusation de faux.........
F... en fut informé, et le lendemain, il allait trouver le Procureur qui lui répondit qu'évidemment une plainte avait été portée par du Roublard, mais qu'elle avait été presque aussitôt retirée.

F... pria le Procureur de vouloir bien faire continuer l'instruction de cette affaire, et de punir le coupable, fût-il faussaire ou diffamateur.

L'instruction de cette affaire eut lieu. Qu'est-elle devenue ?

Pour en imposer encore à l'opinion publique, du Roublard, dans un article du *Mont-Atlas* du 17 septembre 1884, traitait carrément de faussaire F..., qu'il a moitié assassiné quelques jours auparavant pour un motif que je ne rapporterai pas.......... il est trop sale...........
Ce haut fait amena Roublard en correctionnelle ; mais, grâce à l'intervention du V. Rédik ami, F... n'assista pas à l'audience et notre Roublard s'en tira à bon marché.

Notre Chevalier, après cet accroc, chercha vengeance. Il fit poursuivre F... pour une somme qu'il devait au Comptoir ; il fit aussi mettre saisie-arrêt entre les mains des débiteurs de F... Or, celui-ci ne pouvant pas toucher d'argent, ne pouvait pas non plus en donner.

Malgré toutes les tentatives faites par F...pour pouvoir régler ses affaires le plus honnêtement possible, il ne put y parvenir et il vint encore s'ajouter à ses malheurs une perte de 3,500 francs environ, à laquelle notre Chevalier n'était pas étranger. C'était lui, en effet, qui avait engagé F... à faire crédit à un négociant arabe, ami de Roublard. Cet Arabe trouva en six mois, chose inouïe, le moyen de manger à divers créanciers une somme de 15,000 fr. environ.

Comment a-t-il pu faire ? Chacun le sait, Roublard mieux que personne.

F... fut poursuivi à outrance comme endosseur des billets de cet Arabe, et, comme nous le disions plus haut, n'étant pas payé, il ne put payer lui-même.

Pendant ce temps, toutes les maisons de France, avec qui F... était en relations de commerce, recevaient des lettres anonymes qu'elles renvoyèrent à ce dernier qui les déposa au Parquet ; mais il paraît que l'écriture de ces lettres était tellement contre-faite que le Parquet ne put en découvrir l'auteur.

Traqué, poursuivi, insulté, diffamé, F... ne pouvait plus continuer ses affaires.

Il fut obligé de déposer son bilan et fut déclaré en faillite. C'est ce que voulait du Roublard.

Le Chevalier, altéré de vengeance, fit mettre en vente, avec l'aide de son V. Rédik ami, des terrains appartenant à F... —, terrains que notre Roublard acheta lui-même à vil prix. Il essaya même, à l'occasion de cet achat, une de ses opérations habituelles ; il voulut spolier de leurs récoltes des Arabes à qui F... avait loué ces terrains. S'il y avait réussi, notre Roublard aurait trouvé un joli bénéfice, car les terres achetées 6,000 francs les 84 hectares comportaient environ 8,000 francs de récolte et les malheureux Arabes auraient été spoliés encore cette fois comme bien d'autres l'ont été trop souvent.

Roublard fut déjoué dans sa tentative malhonnête, grâce à une déclaration de F..., qui affirma sa location aux Arabes qui avaient été *oubliés* au cahier des charges de la vente rédigée par M. Saint-Germain, avoué à Oran.

Le Chevalier, pour tirer vengeance de cet échec, fit paraître dans le *Mont-Atlas* du 10 juin 1885 un article diffamataire contre F... ; c'est la publication de cet article qui m'a décidé à faire paraître cette brochure destinée à démontrer au public la valeur des assertions du Chevalier du Roublard, qui aurait dû se contenter d'avoir encore cette fois fait une dupe et d'avoir brisé la position et l'honneur d'un honnête homme.

Espérons que cette fois sera la dernière.

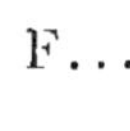

F...